Jonas Lehmann

Depressionen im Fußball

GRIN Verlag

Bibliografische Information der Deutschen Nationalbibliothek:

Die Deutsche Bibliothek verzeichnet diese Publikation in der Deutschen National-
bibliografie; detaillierte bibliografische Daten sind im Internet über http://dnb.d-
nb.de/ abrufbar.

Impressum:

Copyright © 2012 GRIN Verlag, Open Publishing GmbH
Druck und Bindung: Books on Demand GmbH, Norderstedt Germany
ISBN: 978-3-656-22397-9

Dieses Buch bei GRIN:

http://www.grin.com/de/e-book/193010/depressionen-im-fussball

GRIN - Your knowledge has value

Der GRIN Verlag publiziert seit 1998 wissenschaftliche Arbeiten von Studenten, Hochschullehrern und anderen Akademikern als eBook und gedrucktes Buch. Die Verlagswebsite www.grin.com ist die ideale Plattform zur Veröffentlichung von Hausarbeiten, Abschlussarbeiten, wissenschaftlichen Aufsätzen, Dissertationen und Fachbüchern.

Besuchen Sie uns im Internet:

http://www.grin.com/

http://www.facebook.com/grincom

http://www.twitter.com/grin_com

Inhaltsverzeichnis:

Depressionen im derzeitigen Profifußball – Sind Sportler psychisch besonders von Depressionen betroffen?

1. Einleitung

Auf dem Bild (siehe Abb.1[1]) kann man eine Masse von Menschen erkennen, welche ein Plakat in den Händen hält, auf dem der verstorbenen Nationaltorhüter Robert Enke zu sehen ist. Neben der Karikatur des Nationalkeepers sind die Worte zu lesen: „Ruhe in Frieden". Bei solch einem Bild stellt man sich die Frage: Wie konnte eine solche Prominenz sterben? Robert Enke konnte seine Depressionen nicht mehr aushalten und nahm sich am 10. November 2009 durch Schienensuizid das Leben[2]. Schon 2007 konnte der damalige Nationalspieler Sebastian Deisler seinen Depressionen nicht mehr standhalten und brach seine Karriere schließlich ab. Mitte des Jahres 2011 beendete Ralf Rangnick seinen Trainerjob bei Schalke 04 mit sofortiger Wirkung, aufgrund eines Burn-out Syndroms. Seit diesem Vorfall wurde die Liste der Bekenner länger und länger. Ottmar Hitzfeld ,Martin Fenin ,Babak Rafati, Gary Speed ...[3].

Nun steht man vor der Frage: Sind Sportler psychisch besonders von Depressionen betroffen? Über diese Frage werde ich mich in einer Arbeit beschäftigen. Nachdem ich die Krankheit Depressionen genauer erklärt habe komme ich zu dem Fall, welche Rolle die Depressionen im gegenwärtigen Profifußball spielen. Hierzu gehe ich besonders auf die Fälle Robert Enke und Sebastian Deisler ein. Daraufhin werde ich mich in einer Zusammenfassung noch einmal mit der Ausgangsfrage beschäftigen.

Ich habe mich für dieses Thema entschieden, da ich denke, dass Depressionen nicht einfach „unter den Tisch gekehrt" werden dürfen, sondern man sich mit diesem Thema beschäftigen sollte. Die Erkrankten können oft monatelang kein normales Leben mehr führen und leben unter Niedergeschlagenheit, Traurigkeit und

---

[1] http://www.topnews.de/wp-content/uploads/2009/11/Robert-Enke-ist-Tot-Trauermarsch-3-David-Hecker-ddp-Custom.jpg (Stand: 21.03.2012)
[2] o.A.http://www.presseportal.de/polizeipresse/pm/66841/1509683/polizeidirektion_hannover (10.11.2009; Stand: 21.02.2012)
[3] o.A. http://www.express.de/fussball/nach-robert-enkes-freitod-immer-mehr-fussballer--outen--sich,3186,1106946.html (18.11.2009; Stand: 21.02.2012)

Lustlosigkeit. Zudem können viele nicht dem psychischen Druck ertragen und denken es gäbe nur noch den Tod als Ausweg, wie es Robert Enke ergangen ist.

2. Was sind Depressionen?

Die Depression gehört zu den häufigsten Krankheiten in Deutschland. Man vermutet, dass bis zu 15 % aller Männer und 24 % aller Frauen im Laufe ihres Lebens an einer Depression erkranken. Zudem sind 10-15 % der Erkrankten Schätzungen zufolge einen Selbstmordversuch, wenn die Krankheit nicht behandelt wird, ausgesetzt. Wissenschaftler schätzen Depressionen als schwerere Krankheit ein als zum Beispiel Diabetes oder Herzkrankheiten, da sie so schwer zu behandeln ist.[4] Bei Depressionen kann man nicht sagen, dass es sich um eine gewöhnliche Krankheit handelt, die sich auskurieren lässt. Depressionen finden zum größten Teil im Seelenleben eines jeden Erkrankten statt. Es handelt sich um eine ständig bedrückte Unzufriedenheit, die sich im Menschen breit macht. Es ist meist ein Zusammenhang festzustellen, mit psychischen und körperlichen Störungen. Da Depression aber nicht gleich Depression ist, werden Depressionen in vier verschiedene Erkrankungen gegliedert:

- **Unipolare Depression:** Unipolare Depressionen ist die Krankheit, welche man allgemein dem Begriff Depressionen zuordnet Sie besteht nur aus depressiven Phasen und ist die meist auftretende Depression.[5]
- **Bipolare Depression:** Sie kennzeichnet sich dadurch aus, dass sie aus abwechselnden Hoch- und Tiefphasen besteht.[6]
- **Dysthymie und Zyklothymie:** Diese Depressionen sind deutlich weniger ausgebildet wie die Unipolaren und bipolaren Depressionen. Zudem können sie oft schon im jugendlichen Alter beginnen und sich dann über eine längere Zeitspanne ausbreiten.[7]

---

[4] o.A. http://www.depressionen-depression.net/ursachen-von-depressionen/ursachen-einer-depression.htm (Stand: 22.02.2012)

[5] o.A. http://www.depressionen-symptome.de/depressionen-definition (Stand: 21.02.2012)

[6] o.A. http://www.depressionen-symptome.de/depressionen-definition (Stand: 21.02.2012)

[7] o.A. http://www.depressionen-symptome.de/depressionen-definition (Stand: 21.02.2012)

- **Winterdepression:** Diese Depressionsform tritt nur im Herbst und Winter auf, und verschwindet im Frühling/ Sommer wieder. Sie dauert höchstens 6 Monate und hat eine nicht so starke depressive Ausprägung.[8]

Obwohl man zwischen diesen verschiedenen Formen von Depressionen spricht, wirken sich die Depressionen bei jedem Menschen noch einmal anders aus. Doch man kann allgemein sagen, dass es sich bei jeder dieser Formen um dauerhafter Zustand von Traurigkeit, Lustlosigkeit und Abgeschlagenheit handelt. Und obwohl es verschiedene Kategorien von Depressionen gibt, sollte man egal ob leicht, mittel oder schweren Depressionen immer einen Arzt aufsuchen.[9]

2.1 Symptome und Ursachen

Da sich die Krankheit von Mensch zu Mensch anders auswirkt, sind auch die Symptome abweichend. Generell sprechen depressive Menschen oft monoton und langsam. Zudem haben sie häufig einen ernsten Gesichtsausdruck und wirken erstarrt. Außerdem wirken sie meist auf ihre Außenwelt kraftlos und bewegen sich schleppend oder unmotiviert, was damit zusammenhängt, dass sie keinen Antrieb in sich haben. Auch hat es den Anschein, dass sich die Betroffenen über nichts freuen können.[10] Die Stimmung bei depressiven Menschen ist auch sehr unterschiedlich, wobei man trotzdem ein ungefähres Krankheitsbild erstellt hat. Sie sind sehr bedrückt, traurig und stark verzweifelt. Außerdem haben sie ein andauerndes Elendsgefühl. Je nach Form der Krankheit hat man Minderwertigkeitskomplexe und hat Angst vor seinem eigenen Leben. Die Erkrankten werden von Unruhen und Schuldgefühlen geplagt und stellen sich häufig die Frage, warum sie überhaupt noch leben, oder was das Leben eigentlich lebenswert macht.[11] Die genauen Ursachen von Depressionen sind bisher noch nicht bekannt. Feststeht, dass bei dieser Krankheit endogene und exogene Faktoren zusammen kommen. Genauer gesagt, eine gewisse innere Veranlagung treffen auf negative psychosoziale Faktoren aus der

---

[8] o.A. http://www.depressionen-symptome.de/depressionen-definition (Stand: 21.02.2012)

[9] o.A. http://www.info-magazin.com/?suchbegriff=Depressionen (Stand: 22.02.2012)

[10] o.A. http://www.depressionen-depression.net/symptome-einer-depression/symptome-einer-depression.htm (Stand: 22.02.2012)

[11] o.A. http://www.depressionen-depression.net/ursachen-von-depressionen/ursachen-einer-depression.htm (Stand: 22.02.2012)

Außenwelt, die schließlich zum Ausbruch einer Depression führen können.[12] Im Folgenden werden einige Ursachen für Depressionen beschrieben, die aber nicht immer zutreffen müssen.

- **Vererbung:** Da Depressionen zu einem Teil vererblich sind, kann es auftreten, dass, wenn ein Familienmitglied bereits Depressionen hatte, die direkten Verwandten auch Depressionsanfällig sind.[13]

- **Hirnstoffwechsel:** Laut Studien ist während einer Depression der Hirnstoffwechsel von verschiedenen Medikamenten, wie zum Beispiel Serotonin und Noradrenalin gestört. Der Hirnstoffwechsel ist Studien zufolge während einer Depression gestört; der gestörte Stoffwechsel gilt als Ursache des depressiven Syndroms und ist auch Angriffspunkt einiger Antidepressiva.[14]

- Eine vermutete Ursache ist eine **Fehlsteuerung** von Stresshormonen und des Schlaf-Wach-Rhythmus.[15]

- **Äußere Umstände:** Besonders schwere Schicksalsschläge gelten als depressionsauslösend, wie zum Beispiel Störungen in der Kindheit, körperliche Erkrankung oder auch Scheidung.[16] Sie können die Depressionen zwar nicht allein bedingen, jedoch aber sehr wohl auslösen.[17]

- Überdies können auch bestimmte **Medikamente** Depressionen verursachen: wie zum Beispiel: Beta-Blocker, die „Pille", Cortison und bestimmte neurologische Medikamente wie Parkinsonmittel.[18]

Wie schon formuliert, treten Depressionen von Mensch zu Mensch anders auf und oft ist auch keine Ursache für die Erkrankung zu finden.

---

[12]o.A. http://www.depressionen-symptome.de/depressionen-ursachen (Stand: 22.02.2012)
[13]o.A. http://www.depressionen-symptome.de/depressionen-ursachen (Stand: 22.02.2012)
[14] o.A. http://www.depressionen-symptome.de/depressionen-ursachen (Stand:22.02.2012)
[15] o.A. http://www.depressionen-symptome.de/depressionen-ursachen (Stand: 22.02.2012)
[16] o.A .http://www.depressionen-depression.net/ursachen-von-depressionen/ursachen-einer-depression.htm (Stand: 22.02.2012)
[17] o.A. http://www.depressionen-symptome.de/depressionen-ursachen (Stand: 22.02.2012)
[18] o.A. http://www.depressionen-symptome.de/depressionen-ursachen (Stand: 22.02.2012)

2.2 Behandlung und Folgen

Depressionen sind Krankheiten, die behandelt werden können. Das Problem ist, dass die meisten Erkrankten die Krankheit nicht wahrnehmen und so ihr Leben zerstören. Weniger als die Hälfte der Betroffenen lässt sich Helfen und geht in Behandlung. Dies ist daher so traurig, da Depressionen vollständig geheilt werden kann, wenn man die Erkrankten fachgerecht behandelt.[19]

Wie in vielen anderen Fällen, ist aber auch hier der erste Schritt meist der schwerste. Viele Menschen brauchen gerade dafür die Hilfe anderer. Die erste Anlaufstelle bei einer Depression ist zum Beispiel ein Mensch, dem sie vertrauen, ihr Hausarzt, ein Psychotherapeut oder ein Psychiater.[20] Der Arzt reagiert meist mit Medikamenten, die die Depressionen lindern sollten. Verschwinden die Symptome nicht innerhalb zwei Wochen, klärt der Arzt mit dem Patient ab, ob dieser eher eine Psychotherapie oder eine medikamentöse Therapie vorzieht. Wenn die Therapie nicht reicht muss man beide Verfahren kombinieren.[21] Oft wird auch Sport als Therapie empfohlen, da damit das Selbstwertgefühl steigt etwas erreicht zu haben.[22] Vielen Patienten hilft aber auch die Gewissheit, dass sie mit ihrer Krankheit nicht alleine sind. Daher gibt es in Deutschland mehrere Selbsthilfegruppen, die sich dort selbst helfen und somit versuchen aus der Krankheit einen Ausweg zu finden.[23]

2.3 Unterschied zwischen Depressionen und einem Burnout- Syndrom

Obwohl die Grenze zwischen Depressionen und Burn-outs sehr fließend ist, kann man einen Unterschied festmachen.[24] Der essentielle Unterschied zwischen einer Depression und Burnout ist, dass bei schwerer Erschöpfung seltener Selbstanklagen bzw. typische depressive Denkverzerrungen, Selbstmordgedanken und Appetitminderungen auftreten. Menschen mit einem Burnout weisen häufig dagegen eine ausgeprägte Frustration

---

[19] o.A. http://www.depressionen-depression.net/behandlung-einer-depression/behandlung-einer-depression.htm (Stand: 22.02.2012)
[20] o.A. http://www.depressionen-depression.net/behandlung-einer-depression/behandlung-einer-depression.htm (Stand: 22.02.2012)
[21] Vgl.: Apotheken Umschau 15. November 2011 B S.13
[22] o.A.http://www.depressionen-depression.net/behandlung-einer-depression/therapieuebersicht.htm (Stand: 22.02.2012)
[23] Vgl.: Apotheken Umschau 15. November 2011 B S.13
[24] Helwi Braunmüller; Heidrun Koskowski: http://www.focus.de/gesundheit/gesundleben/stress/symptome/burnout/burn-out-syndrom_aid_10766.html (22.09.2011; Stand: 20.03.2012)

auf und führen häufig eine äußere Ursache als Erklärung für ihre Problematik an.[25] Zudem könnte man einen Burnout Erkrankten zum Beispiel mit einem Lottogewinn aus der Krankheit befreien im Gegensatz zu einem Menschen mit Depressionen im klinischen Sinne.[26]

3. Depressionen im Fußball

Gerade in letzter Zeit wird das Thema Depressionen immer wieder im Zusammenhang mit Fußball auf den Tisch gebracht. Aber: Sind besonders Fußballer aufgrund ihres Erfolgdrucks von Depressionen mehr geplagt, wie „normale'' Menschen, oder werden sie einfach mehr ins Rampenlicht gestellt? Oder ist der Druck im Fußball einfach zu hoch? Jeder Fünfte Leistungssportler klagt über Depressionen, was aber auch anderen Menschen so ergeht. Wie schon angesprochen, klagen 15- 20% der Menschen einmal im Leben über Depressionen.[27] Wobei der ehemalige Weltschiedsrichter Markus Merk speziell zu dem Vorfall von Rafati meint: „Du bist dem Druck allein ausgesetzt. Schiedsrichter brauchen eine große Seelsorge. Es ist wie bei einem Kind - Du musst dich immer kümmern, sonst geht es irgendwann den falschen Weg."[28] Nach dem Selbstmordversuch denkt man sofort an den Selbstmord von Robert Enke und an das Karriereende von Sebastian Deisler aufgrund seiner Depressionen.

---

[25] o.A. http://web4health.info/de/answers/bipolar-burned-out.htm (04.12.2011; Stand: 23.02.2012)
[26] o.A. http://www.gutefrage.net/frage/wo-liegt-der-unterschied-zwischen-depressionen-und-burn-out-
(01.11.2011; Stand: 23.02.2012)
[27] Vgl.: Süddeutsche Zeitung Nr. 270 S.16 23. November 2011
[28] o.A. http://www.bild.de/sport/fussball/babak-rafati/ist-der-druck-im-fussball-zu-gross-
21117774.bild.html (20.11.2011; Stand:23.02.2012)

3.1 Positives Beispiel Sebastian Deisler

Er ist Nationalspieler, spielt beim FC Bayern, verdient Millionen und ist das Vorbild vieler junger Nachwuchsspieler. Zudem steht er täglich im Rampenlicht der Medien. Er heißt Sebastian Deisler (siehe Abbildung 2[29] und viele können davon nur träumen so einen Erfolg verbuchen zu können. Doch für ihn wurde es irgendwann nur noch zur Qual und er wurde depressiv. Schon im Alter von 27 Jahren beendete er seine ruhmreiche Karriere nach zahlreichen Knieverletzungen, die ihn immer wieder zurückwarfen und mental herunterzogen.[30] Schon bei seiner zweiten Station als Bundesligaprofi bei Hertha BSC Berlin verlor er die Freude am Fußballspiel. In seinem Buch schreibt er, dass er damals schon an Depressionen gelitten hatte. Obwohl man sagt, dass er seine Karriere aufgrund seiner siebten schweren Verletzung beendet hat, liegt es nahe, dass auch die Depressionen Deisler zu seinem Rücktritt aus dem Fußballgeschäft gezwungen haben.[31] Im Nachhinein sagt er über diese Zeit: „Ich bin unglücklich geworden, als ich versucht habe, andere glücklich zu machen. Ich fühlte mich wie ein trauriger Clown".[32]

Ein weiteres Zitat von ihm zu SportBild zu dieser Zeit war: „Ich kam mir so lächerlich vor. In Berlin habe ich in meiner Wohnung gesessen, ich war bekannt in ganz Deutschland, ich war oben angekommen, und vor der Tür stand ein Mercedes. Aber das alles hat mich nicht glücklich gemacht. Ich habe mich gefragt, war's das jetzt? Ich war todunglücklich".[33] An diesen Zitaten kann man

---

[29] http://www.merkur-online.de/bilder/2009/11/12/526849/1644224978-sebastian-deisler.9.jpg (Stand: 27.03.20012)

[30] Malte Asmus: http://www.brainstorms42.de/artikel/depressive-sportler.html (Stand: 23.02.2012)

[31] o.A. http://www.welt.de/sport/fussball/article13763501/Deislers-Erkrankung-sorgte-fuer-ein-Umdenken.html (13.12.2011; Stand: 24.02.2012)

[32] o.A. http://www.express.de/fussball/nach-robert-enkes-freitod-immer-mehr-fussballer--outen--sich,3186,1106946.html (18.11.2009; Stand:23.02.2012)

[33] o.A. http://ich-will-arbeit-24.de/gesellschaft-soziales/sebastian-deisler-ein-genie-mit-depressionen (11.10.2009; Stand: 24.02.20122)

erkennen, dass Sebastian Deisler an Depressionen erkrankt war. Aber: Wie fand er aus den Depressionen heraus und kehrte in ein normales Leben zurück?

3.1.1 Ein Leben nach den Depressionen

Kurz nach der Verkündung über das Karriereaus zog sich Sebastian Deisler völlig zurück und machte eine Langzeittherapie und versucht sich so langsam Stück für Stück in ein neues Leben ohne Rampenlicht zurück zu kämpfen. [34] Zudem zog er wieder in seine Heimatstadt zurück, da er meinte, dass ihm seit seinem Karriereanfang die Wurzeln gefehlt haben. Er fühlte sich viel zu sehr beobachtet und wollte dem Medieninteresse einfach nur noch entkommen sagt er 2009 in einem Interview.[35] Zudem schrieb er nach der Krankheit ein Buch über sich, wobei er sagt er hätte es für sich geschrieben, was Teil seiner Therapie war. Er will in seinem Buch seine Vergangenheit verarbeiten. Außerdem meint er, er hätte ohne dieses Buch nicht weitermachen können.[36] Nach der Veröffentlichung seines Buches hat man nicht mehr viel von Deisler gehört. Er hat sich völlig aus dem Rampenlicht gezogen, was auch sein Ziel war und wollte Aussagen zufolge eine Ausbildung zum Physiotherapeut beginnen.[37] Laut „Focus'' ist aber bekannt, dass Sebastian Deisler nach seiner Depressions-Erkrankung im Jahr 2003 durch missglückte Geschäfte und Zahlungen an vermeintliche Freunde mehrere Millionen Euro verloren. Während sein Vermögen 2007 auf 14 Millionen Euro geschätzt wurde, sollen dem ehemaligen Nationalspieler zwei Jahre später nur noch etwa drei Viertel davon geblieben sein. Der einst als eines der größtes Talente aus Deutschland gefeierte Deisler verlor sein Geld demnach durch mehrere Investitionen in gescheiterte Geschäftsmodelle. Dazu kommen Zahlungen an Bekannte, welche die missliche Lage des heute 31-Jährigen ausgenutzt haben sollen.[38] Zusätzlich eröffnete er 2009 einen 3. Welt Laden in Freiburg mit Produkten aus Nepal und dem Himalaya. Er fungiert beim Verkauf aber eher im Hintergrund und lässt den Laden von seinem Arbeitskollegen Juan Maya

---

[34]o.A. http://ich-will-arbeit-24.de/gesellschaft-soziales/sebastian-deisler-ein-genie-mit-depressionen (11.10.2009; Stand:24.02.2012)
[35] o.A. http://www.zeit.de/2009/41/DOS-Deisler/seite-1 (Stand: 24.02.2012)
[36] o.A. http://www.zeit.de/2009/41/DOS-Deisler/seite-1 (Stand:24.02.2012)
[37] o.A.
http://www.welt.de/sport/article1918616/Sebastian_Deisler_will_Physiotherapeut_werden.html 19.04.2008; Stand: 26.03.2012)
[38] o.A. http://www.xxlscore-forum.de/klatsch-und-tratsch-was-macht-eigentlich-board77-p147949.html?highlight=deisler#post147949 (12.02.2012; Stand:24.02.2012)

Lopez regeln.[39]

Abschließend kann man über das Leben von Sebastian Deisler sagen, dass er es nach seiner Therapie geschafft hat seiner Krankheit zu entkommen. Man kann sagen, dass er ein Beispiel dafür ist, dass man Depressionen heilen kann.

3.2 Negativ Beispiel Robert Enke

Dienstag, 10.November 2009 um 18.25 Uhr, Neustadt am Rübenberge. Der Nationaltorhüter und Kapitän von Hannover 96 Robert Enke (siehe Abbildung 3[40]) begeht Selbstmord, indem er sich vor einen Zug wirft. Aber, wie konnte es erst so weit kommen? Er hat alles, was man erreichen kann. Eine erfolgreichen Karriere, Geld, Haus, eine Frau und ein Kind. Das Problem war seine Krankheit: Depressionen. [41] Schon 2003 in Barcelona klagte Robert Enke über Depressionen, die ihn einfach nicht mehr losließen. Sein Arzt Dr. Valentin Markser sagte nach seinem Tod: „Robert Enke habe ich erstmals 2003 in meiner Praxis gehabt, als er wegen seines Vertrages bei Barcelona und Istanbul unter Depressionen und Versagensängsten litt und sich bei mir dann mehrere Monate täglich behandeln ließ."[42] Nach einem Karriereanfang, der nicht besser hätte laufen können, lernt er in Barcelona, nach einem entscheidenden Patzer in einem Pokalspiel, erstmals die Schattenseite des Fußballs kennen. Er erlebt öffentliche Kritik, und es beginnen die Zweifel an sich selbst. Über die Vereine Fenerbahce Istanbul und Teneriffa, landet er schließlich in Hannover, was auch die letzte Station in seinem Leben werden sollte.[43]

---

[39] o.A. http://fudder.de/artikel/2009/08/24/sebastian-deisler-eroeffnet-nepal-laden-am-augustinerplatz/ (24.08.2009; Stand:24.02.2012)

[40] http://www.spox.com/de/sport/fussball/bundesliga/0901/Bilder/robert-enke-testspiel-514.jpg Stand: 27.03.2012)

[41] o.A. http://sport.zdf.de/ZDFsport/inhalt/0/0,5676,7927456,00.html?dr=1 (10.11.2009; Stand: 04.03.2012)

[42] o.A. http://www.bild.de/sport/fussball/barcelona/begannen-als-er-2003-bei-barcelona-rausflog-10424508.bild.html (11.11.2009; Stand: 04.02.2012)

[43] o.A. http://www.bild.de/sport/fussball/barcelona/begannen-als-er-2003-bei-barcelona-rausflog-10424508.bild.html (11.11.2009; Stand: 04.02.2012)

Ein weiterer Grund für seine Depressionen könnte gewesen sein, dass seine damals zwei Jahre alte Tochter Lara durch einen angeborenen Herzfehler im September 2006 starb.[44] Daraufhin adoptierte er zusammen mit seiner Frau Teresa die zwei Monate alte Leila.[45] Nach diesen vielen Schicksalsschlägen, wurden die Zweifel an der eigenen Person immer größer. Irgendwann konnte Robert Enke diesen Depressionen nicht mehr standhalten und dachte, die einzige Lösung wäre der Schienensuizid.[46]

3.2.1 Änderungen in der Gesellschaft nach dem Tod von Robert Enke

Nach diesem Tod, der die ganze Nation in bestürzen gebracht hat, treten natürlich die Gedanken auf, ob man auf den Tod folglich etwas ändern muss, um mit dieser Krankheit besser umgehen zu können. Der ehemalige DFB[47]- Präsident Theo Zwanziger brachte es auf der Trauerfeier von Robert Enke auf den Punkt: „Fußball ist nicht alles''.[48] Man muss versuchen die Krankheit besser zu verstehen, um mit den Kranken besser umzugehen. Nach dem Freitod von Robert Enke kann man erkennen, dass sich viel mehr Profisportler zu einem Burn-out oder zu Depressionen outen. Man hat gemerkt, dass man sich nicht dafür schämen zu braucht ausgebrannt und motivationslos zu sein. Sportpsychiater Frank Schneider im Gespräch mit dradio.de denkt, dass sich viele Sportler behandeln lassen, sie es aber trotzdem nicht an die Öffentlichkeit weitergeben. Zudem sagt er, dass die Behandlungsnachfrage deutlich höher geworden ist.[49] Dies liegt daran ‚dass sich viele selbst sagen: Ich will nicht so enden wie Robert Enke.[50] Der Sportpsychologe Manfred Wegner sagt dazu aber, dass es überhaupt nicht leichter geworden ist. Manfred Wegner ist der Vorsitzende der Arbeitsgemeinschaft für Sportpsychologie in Deutschland und gibt

---

[44]o.A. http://www.welt.de/sport/fussball/article3722475/Robert-Enke-adoptiert-zwei-Monate-altes-Maedchen.html (12.05.2009; Stand: 04.02.2012)
[45] o.A. http://www.welt.de/sport/fussball/article3722475/Robert-Enke-adoptiert-zwei-Monate-altes-Maedchen.html (12.05.2009; Stand: 04.02.2012)
[46] o.A. http://www.presseportal.de/polizeipresse/pm/66841/1509683/polizeidirektion_hannover (Stand: 21.02.2012)

[47] DFB = Deutscher Fußball Bund
[48] David Mayer: http://www.focus.de/panorama/welt/tid-16216/trauerfeier-fussball-darf-nicht-alles-sein_aid_454425.html (15.11.2009; Stand: 06.03.2012)
[49] Joachim Scholl: http://www.dradio.de/dkultur/sendungen/thema/1601211/ (10.11.2011; Stand: 19.03.2012)
[50] Joachim Scholl: http://www.dradio.de/dkultur/sendungen/thema/1601211/ (10.11.2011; Stand: 19.03.2012)

an, dass den Betroffenen viel zu wenig Zeit für die Generierung der Depressionen gegeben wird. [51] Ein genaues Fazit über die Änderungen nach dem Tod von Robert Enke könnte aber André Beem, der sich in seiner Magisterarbeit mit diesem Thema befasst hat, schaffen.[52] Er hat 1381 Artikel, in den vier Wochen vor Robert Enke´s Tod erschienen sind mit 1919 Artikeln zwischen Mitte Februar und Mitte März 2010 verglichen und hat sich daraus ein genaues Bild erschaffen. Im Gespräch mit Alex Raack meint er, dass sich nach dem Tod gar nichts geändert hat. Die negativen Nachrichten über die Sportler in den Zeitungen haben sich von acht Prozent auf neun Prozent gesteigert. Auch die Spielerbewertungen wurden minimal schlechter. Worauf man sich überlegen sollte, ob man die Spielerbewertungen abschaffen sollte, aufgrund des Leistungsdrucks, welche diese ausüben. Er stellt in dem Interview vor allem die Presse an den Pranger, da sie viel zu viel Druck auf die Profispieler ausüben.[53] Abschließen kann man die Diskussion wahrscheinlich nicht, da es immer Personen gibt, die dazu unterschiedlicher Meinungen sind.

Nach dem Tod von Robert Enke wurde zudem die Robert-Enke -Stiftung in Leben gerufen. Der Sinn der Stiftung ist, die Unterstützung von Maßnahmen und Einrichtungen zur Aufklärung von Depressionen. Die verwitwete Frau von Robert Enke, Teresa Enke, hat den Vorstandssitz der Stiftung inne.[54]

4. Fazit - Stellungnahme zur Ausgangsfrage

Um auf die Ausgangsfrage zurückzukommen, ob Sportler psychisch besonders von Depressionen betroffen sind kann man sagen, dass dies nicht genau zutrifft. Sie sind zwar den Medien gnadenlos ausgesetzt, sind aber gleich stark betroffen wie Menschen, die nicht jeden Tag im Rampenlicht stehen. Psychiater Ulrich Hegerl sagt im Gespräch mit der Süddeutschen Zeitung, dass es nicht am Leistungssport liegt, dass so viele Sportler von Depressionen erkranken. Auch bei andere Menschen liegt die Gefahr einmal im Leben an Depressionen zu erkranken auch bei fünfzehn bis zwanzig Prozent. Außerdem sagt er, dass es oft so ist, dass

---

[51] o.A. http://www.news.de/sport/855241520/stiftung-mehr-sensibilitaet-seit-dem-enke-tod/1/ (Stand: 19.03.2012)
[52] Alex Raack: http://www.11freunde.de/bundesligen/142490/der_ton_ist_schaerfer_geworden (16.08.2011; Stand: 20.03.2012)
[53] Alex Raack: http://www.tagesspiegel.de/sport/mediendebatte-enkes-tod-hat-nichts-veraendert/4503810.html (16.08.2011; Stand: 20.03.2012)
[54] o.A. http://www.robert-enke-stiftung.de/stiftungszweck.html (Stand: 19.03.2012)

nicht Leistungssportler häufiger an Depressionen oder einem Burn-out erkranken, da sie oft Schicksalsschlägen wie Langzeitarbeitslosigkeit ausgesetzt sind.[55] Er zieht den Schlussstrich, dass man nicht sagen kann, dass psychische Störungen wie zum Beispiel Depressionen durch den Hochleistungssport produziert werden. Jedoch sagt er auch, dass der Umgang mit Depressionen im Leistungssport sehr problematisch sind, da man noch nicht genau weiß wie man mit diesen Depressionen offen und professionell umgehen soll. Daher müsse man in nächster Zukunft herausfinden, wie man dieses Problem am bestem behebt.[56] Leicht verschieden sieht der Diplompsychologe Lothar Linz die Situation. Seiner Meinung nach, die er im Gespräch mit Focus online kundgibt, ist im Sport das Problem, dass man keine Zeit mehr hat sich auszuruhen. Es stehen seiner Meinung zufolge zu viele Highlight an. Zudem sagt auch er, dass die Interesse der Medien es den Profisportlern nicht gerade leicht macht mit dem Problem umzugehen. Wie schon nach dem Tod von Robert Enke legt auch er den Clubs nahe, dass sie verständnisvoller mit psychischen Problemen umgehen müssen.[57]

Abschließend kann man zur Ausgangsfrage ,, Sind Sportler psychisch besonders von Depressionen betroffen?'' wohl sagen, dass man dies nicht generell behaupten kann. Zwar sind sie enormem Druck ausgesetzt, welches aber auch andere Leute aus anderen sozialen Schichten haben. Durch die Medien kommt es der Öffentlichkeit aber vor, dass Hochleistungssportler psychisch besonders von Depressionen geplagt sind. Die Wahrheit ist, dass alle Menschen mit einer Wahrscheinlichkeit von fünfzehn bis zwanzig Prozent einmal im Leben an Depressionen leiden.[58]

---

[55]Vgl.: Süddeutsche Zeitung Nr. 270 S.16 23. November 2011
[56] Vgl.: Süddeutsche Zeitung Nr. 270 S.16 23. November 2011
[57] Heidrun Koskowski; Helwi Braunmiller:
http://www.focus.de/gesundheit/gesundleben/stress/symptome/burnout/burn-out-syndrom_aid_10766.html (22.09.2011; Stand: 20.03.2012)
[58] Vgl.: Süddeutsche Zeitung Nr. 270 S.16 23. November 2011